Alain-Fidèle Mansiantima Miankenda

Terre! Terre! Terre! Reviens au Seigneur!

Alain-Fidèle Mansiantima Miankenda

Terre! Terre! Terre! Reviens au Seigneur!

L'arrogance, l'orgueil précédent la chute

Éditions Croix du Salut

Impressum / Mentions légales
Bibliografische Information der Deutschen Nationalbibliothek: Die Deutsche Nationalbibliothek verzeichnet diese Publikation in der Deutschen Nationalbibliografie; detaillierte bibliografische Daten sind im Internet über http://dnb.d-nb.de abrufbar.
Alle in diesem Buch genannten Marken und Produktnamen unterliegen warenzeichen-, marken- oder patentrechtlichem Schutz bzw. sind Warenzeichen oder eingetragene Warenzeichen der jeweiligen Inhaber. Die Wiedergabe von Marken, Produktnamen, Gebrauchsnamen, Handelsnamen, Warenbezeichnungen u.s.w. in diesem Werk berechtigt auch ohne besondere Kennzeichnung nicht zu der Annahme, dass solche Namen im Sinne der Warenzeichen- und Markenschutzgesetzgebung als frei zu betrachten wären und daher von jedermann benutzt werden dürften.

Information bibliographique publiée par la Deutsche Nationalbibliothek: La Deutsche Nationalbibliothek inscrit cette publication à la Deutsche Nationalbibliografie; des données bibliographiques détaillées sont disponibles sur internet à l'adresse http://dnb.d-nb.de.
Toutes marques et noms de produits mentionnés dans ce livre demeurent sous la protection des marques, des marques déposées et des brevets, et sont des marques ou des marques déposées de leurs détenteurs respectifs. L'utilisation des marques, noms de produits, noms communs, noms commerciaux, descriptions de produits, etc, même sans qu'ils soient mentionnés de façon particulière dans ce livre ne signifie en aucune façon que ces noms peuvent être utilisés sans restriction à l'égard de la législation pour la protection des marques et des marques déposées et pourraient donc être utilisés par quiconque.

Coverbild / Photo de couverture: www.ingimage.com

Verlag / Editeur:
Éditions Croix du Salut
ist ein Imprint der / est une marque déposée de
OmniScriptum GmbH & Co. KG
Heinrich-Böcking-Str. 6-8, 66121 Saarbrücken, Deutschland / Allemagne
Email: info@editions-croix.com

Herstellung: siehe letzte Seite /
Impression: voir la dernière page
ISBN: 978-3-8416-1957-0

Copyright / Droit d'auteur © 2015 OmniScriptum GmbH & Co. KG
Alle Rechte vorbehalten. / Tous droits réservés. Saarbrücken 2015

Alain-Fidèle
MANSIANTIMA MIANKENDA

TERRE ! TERRE ! TERRE ! REVIENS AU SEIGNEUR !
L'arrogance, l'orgueil précèdent la chute...

*Une contribution à l'éthique existentielle
par une approche historico-politico-eschatologique*

*« Regardez au ciel. Que voyez-vous ?
Je vois descendre sur terre un Fils d'homme.
La grandeur, la pureté, la justice et l'amour,
sont ses somptueux vêtements.*

Que ton règne vienne, ô Surhomme divin ! »

INTRODUCTION

Dieu a créé son monde parfait. Un monde où l'harmonie et la joie de vivre étaient sans appel. Tout ce qu'il a créé était beau. La Bible l'affirme sans risque ni de se tromper ni de se contredire.

Cette harmonie ne concernait pas simplement l'homme et sa terre à assujettir, mais devrait être au préalable vécue entre lui et son Créateur. C'est ainsi que la familiarité avec ses premières créatures humaines, Adam et Eve, était totale jusqu'à ce que le diable sème la discorde. Désormais, tout a basculé... Satan pouvait donc se frotter les mains.

Dieu était déçu par nos ancêtres, mais eux n'avaient jusqu'alors rien compris. Il pressentait les désordres qui feraient suite, mais le couple déchu ne voyait rien, car aveuglé... On dirait même que le cœur du Créateur saignait, et ses joues ruisselant de torrent de larmes... Tristesse dans le cœur, expression faciale contrite...

Satan ne s'arrête pas à brouiller la relation Créateur-créature humaine. Il se distingue en art destructif : un sacré professionnel. Il brouille la relation créature-créature et sème l'ivraie dans les cœurs des humains. Le mal s'enracine, prend corps, fleurit et porte des fruits. Dès ce fait, Satan peut compter sur sa semence corruptible... Abel est la tête de liste à voir son sang répandu... Caïn ne se reconnaît plus gardien de son frère...

Satan organise tout. Et les hommes deviennent égoïstes, avides d'argent, vantards et prétentieux. Ils parlent de Dieu d'une manière injurieuse et n'ont pas d'égards pour leurs parents ; ingrats, dépourvus de respect pour ce qui est sacré, sans cœur, sans pitié, calomniateurs, incapables de se maîtriser, cruels, ennemis du bien, emportés par leurs passions et enflés d'orgueil, prêts à toutes les trahisons, aimant les plaisirs plutôt que Dieu. Certes, ils resteront attachés aux pratiques extérieures de la religion mais, en réalité, ils ne voudront rien savoir de ce qui en fait la force.

Mais, il y a un temps pour toute chose. La Bible décrit les événements eschatologiques sans risque d'être contredite. Ses révélations sont vraies, car s'accomplissent et s'accompliront jusque dans leur moindre détail. Ce monde et tout ce qu'il regorge comme souillures seront anéantis. La créature n'est pas immortelle. Satan, non plus, n'est pas le Créateur. Il est une créature mortelle. Lui, le méchant usurpateur ainsi que ses acolytes vivront une peine pire que celle de la fournaise ardente...

Dans le livre de Daniel au chapitre deux, le roi babylonien, Nabuchodonosor, l'orgueilleux, voit en rêve quatre royaumes successifs au travers d'une statue, qui, malheureusement est brisée par une gigantesque pierre – un Royaume beaucoup plus puissant, aussi bien dans le temps que dans l'espace : Le Royaume de Dieu.

Au chapitre sept, Daniel bénéficie gracieusement de cette révélation. A la différence, Dieu utilise les êtres animés afin d'être plus explicite.
L'abondance ne nuit pas. L'eschatologue Jean, dans son livre de l'Apocalypse au chapitre treize, vient avec force lumière sur ces règnes.

Mais, pourquoi une telle insistance des faits ? Simplement pour que l'homme soit averti, interpellé – qu'il prenne garde et veille sur sa vie comme la femme gestante veille sur son fœtus. Disons encore une fois que tout de ce monde ancien passera un jour pour que le nouveau, le céleste vienne.

Eglise du Christ, où en sommes-nous ? Le séparateur des boucs et des brebis revient pour former un seul troupeau. Les boucs, les chiens et les incirconcis ne seront pas les bienvenus. Les bergers qui constituent la porte d'entrée de Satan pour qu'il décime les brebis du Seigneur seront exposés et leurs miracles corrompus ne fonctionneront plus ! « Tous ceux qui disent Seigneur, Seigneur, n'entreront pas tous dans le Royaume des cieux »...

Chers politiciens et dirigeants des peuples, êtes-vous prêts ? Dieu vous a confié la direction des nations. Il vous demandera aussi des comptes...
Certes, avoir un pays riche est le vœu de tous, mais un peuple épris d'amour et craignant Dieu est plus que souhaitable. Des dirigeants qui s'humilient, prient, et reconnaissent Dieu comme artisan de leur élévation sont une source de bénédiction pour leur pays. Leur tâche est d'assurer, non seulement le rayonnement territorial, mais également et surtout le bien-être de la population à qui Dieu destine en priorité l'espace géographique et les richesses qui s'y trouvent. Songeons donc à faire bel !

Le Maître revient, apprêtons-nous pour l'accueillir. Ne souhaitons-nous pas être compté du nombre, afin de vivre et de découvrir les merveilles que le Créateur du monde a réservées pour la nouvelle Jérusalem ?

Par ailleurs, le message contenu dans cette brochure est présenté en cinq points dont, « La communauté harmonieuse », « Le royaume divisé », « Le mal au pluriel », « Il vient... Maranatha ! » et « Ouvrir le Livre, rompre le sceau... ».
Les références bibliques exploitées sont tirées pour la plupart de la Sainte Bible (Version Semeur 2000).
Elles sont citées avec renvois au bas de page, de la manière suivante, par exemple, Esther 6.13 : Livre d'Esther chapitre 6, le verset 13.

L'auteur

La communauté harmonieuse

> « *Au commencement était la Parole, et la Parole était avec Dieu, et la Parole était Dieu.*
> *Toutes choses ont été faites par elle, et rien de ce qui a été fait n'a été fait sans elle.*
> *En elle était la vie, et la vie était la lumière des hommes* »
>
> *Jean 1.1, 3 – 4*

Un homme riche se créa un village. Il le créa très beau... Quel merveilleux paysage sous un ciel bleu ! Des richesses du sous-sol : des minerais et des matières précieuses sans nombre ; des richesses du sol, une faune avec de nombreuses forêts, savanes, steppes,... ; une flore si importante que de rares espèces d'animaux de la planète ne pouvaient trouver leurs survies que dans ce territoire. Les cours d'eau et les richesses aquatiques, n'en parlons pas !

Ce village, mais c'est tout un paradis terrestre ! Qui oserait résister à son éclat, à son vent si frais ? On peut s'interroger : Un village si beau et si riche, mais pourquoi ? Tout simplement parce que son créateur le veut pour son bonheur, son bien et sa gloire.

Après plusieurs années, il incombait au Maître, le riche homme du village d'entreprendre un long voyage, et cela pour longtemps. Contraint d'abandonner momentanément son patrimoine, il y responsabilisa un peuple afin de l'assujettir et d'en jouir pleinement.
Il éveilla ce peuple sur la morale, la culture et l'esthétique ; la solidarité, le partage, l'amour, la loyauté, l'hospitalité, le respect des biens et des personnes, tout en insistant sur l'art du beau qui demeurait, selon lui, l'une des clés de voûte de sa nature.
  – J'éprouve une vive nostalgie, une énorme douleur de tout abandonner, mais... De l'autre côté, personne d'autre ne peut prendre soin de mes affaires...
Il poursuit...
  – Je ne vous laisse pas orphelins. Comme représentant je nomme Nsadisi[1], votre roi et votre leader.

Toute la communauté de scander :

---

1 Consolateur, aide appropriée

- Qu'il en soit ainsi !
- C'est responsable !
- C'est bien dit !
- Bonne idée cher Maître !
- Génial, choix judicieux !
- Vive le guide !
- Nous l'aimons !

Le jour du voyage arriva. Après qu'il ait béni son représentant, avec larmes aux yeux, le riche Seigneur quitta le village.
- Sur toi Nsadisi reposent mes plus douces espérances... Restez en paix...

En retour, tous les villageois d'éprouver une tristesse sans appel : des pleurs incessants... presque inconsolables.
- Sniff, sniff
- Ne tardez pas... !
- Sans vous nous ne pouvons rien faire, vous nous manquerez à coup sûr !

Avec le temps, les villageois reprenaient leur train de vie. Ils travaillaient en communauté... à la moisson, à la pêche, à la chasse. Ils priaient aussi...
Le temps de loisirs ne manquait pas : ils dansaient au son d'une douce et digne musique, ils prenaient verre..., ils commémoraient les anniversaires, ils mariaient leurs enfants,...

Déjà, le bilan tombe pour Nsadisi, le pronostic est très favorable. Nsadisi suit scrupuleusement les sages conseils du riche Créateur parti en voyage. En outre, il sert d'incarnation de la volonté populaire... Le voilà servir d'intérêt général : au-dessus de ses préoccupations matérielles s'élèvent les désirs d'un grand cœur.
Deux sages vieillards du village sont en train de faire des compliments à la classe montante, jeunes d'aujourd'hui, dirigeants de demain :
- Sous nos yeux grandit une jeunesse appelée à un brillant avenir...
- Oui, nos remplaçants, ceux qui prendront notre relève demain. Je ne m'inquiète pas, car ils sont entreprenants, audacieux, responsables, et attachés à la vision humanitaire du Seigneur du village, incarné par le doux Nsadisi.
- Quelles valeurs leur manquent-ils encore ? Puissions-nous mourir à l'instant même !

Pas d'enfants de la rue dans cette communauté. Les orphelins n'étaient pas abandonnés à leur triste sort, mais pris en charge par la communauté entière, ils ne manquaient de rien…

Certains étaient scolarisés, d'autres apprenaient un métier. De ce fait, ils devenaient matures, responsables et très utiles pour le village.

Tous vivaient en harmonie et témoignaient d'une intense solidarité. Et chacun trouvait son compte, à son aise. C'est la vie en communauté et la communauté dans le village.

Soudain, bien trop vite, le clément chef du village mourut. Une fois de plus, quelle détresse pour ce peuple ! Sur ce drame lugubre plane une tristesse infinie. Et des torrents de larmes inondent les joues des villageois…

— Qu'as-tu fait de nous ô mort !
— Nsadisi, ô pauvre Nsadisi, le soutien de nos âmes, pourquoi pars-tu si tôt ? Hier c'était le Maître, aujourd'hui c'est toi, pourquoi ? Pourquoi ?
— Des questions sans réponses, comme le jour inconnu et inattendu du retour du Maître, pourquoi nous faites-vous ça ?

En chœur désagréable, ils pleurent au gré de vagues de ce chant défaitiste au départ, mais sarcastique et défiant à la fin :

> O mort, qui es-tu ?
> O mort, d'où viens-tu ?
> O mort, comment es-tu ?
> Qu'audacieuse es-tu !
> Tout le monde, tu as combattu !
>
> Sans cœur,
> Sans âme,
> Comment faire de toi ma sœur ?
> Ton souhait, c'est le bois infâme,
> Quel démon – point de douleur !
>
> Quand tu viens, c'est pour emporter,
> Emporter au loin, dans ce pays là-bas.
> Quel choc ! Mon bien-aimé est déporté,

> Dans l'au-delà, un monde en bas,
> Pour le repos ou le combat ?
>
> O mort, pour qui te prends-tu ?
> Insensible aux cris et détresses,
> Sans clémence ni miséricorde, très têtue !
> Mal aimée, maudite – à cause de tes maladresses.
> Pauvre vilaine, fais-toi Dieu ! – la résurrection t'a tue !

Rien d'autre à faire, la mort reste le chemin de tout le monde et chacun l'empreinte à son tour. Nsadisi est bel et bien parti, il ne reviendra plus, contrairement au propriétaire du village.

Mantomba[2], du membre organisateur des funérailles, prend la parole lors de l'enterrement du défunt :
 – O roi Nsadisi, tu étais vraiment une cheville pour toute la communauté. Hélas ! la mort et encore la mort ne t'a pas pardonné, elle n'excuse personne...

Son propos s'interrompt, de ses yeux ruisselle un torrent de larmes. A l'instar des moutons entretenant un esprit primesautier, Mantomba contamine toute la communauté. Que des pleurs ! Qui n'oserait pas s'éclater en sanglot à cause du départ prématuré du cher chef ?
Son cadavre paraît comme endormi, mais c'était au contraire un sommeil définitif qui, ici-bas, ne connaît pas d'éveille, il est parti pour toujours...
Alors Mantomba de poursuivre...
 – Nous savons une chose ô Nsadisi : tu nous précèdes en bon avocat chez nos ancêtres, au pays de morts... En retour, nous ne cesserons d'entretenir ton peuple, y compris ta nouvelle maison du pays de morts. Va en paix !

---

2 Provocateur, rancunier, rusé, cupide

Le royaume divisé

> « L'orgueil n'est qu'un simple concept composé uniquement d'un chapitre.
> L'humilité, quoique simple, par contre, est composée de plusieurs chapitres.
> Il est donc plus aisé de devenir orgueilleux qu'humble. Néanmoins, est honoré celui qui maîtrise les multiples chapitres de l'humilité »

Funérailles puis deuil terminés, contre toute attente, Mantomba s'autoproclame chef du village si convoité.

– Chers compatriotes, un village sans chef ni lois n'existe pas, sinon une caverne des voleurs, des assassins et des détracteurs. J'ai donc décidé de prendre les choses en main et de poursuivre l'œuvre du regretté Nsadisi...

Audacieux à outrance, il débaptise le village sans consulter les sages, pire encore le Maître, le Propriétaire.

– ...néanmoins, je débaptise le village. Désormais, il s'appellera « Nsi ya nkatu[3] ».

Son éloquence outrepasse les bornes démocratiques et laisse ainsi largement ouverte la porte de la dictature et du sadisme.

– ... à cet effet, sous la direction d'un seul chef que je représente valablement, j'exige la collaboration de tous dans la gestion de la chose publique... Enfants, jeunes et vieux, tous sont appelés à la soumission à l'autorité du chef sous peine des réprimandes sévères, je dis et vous remercie.

Cette audace va à la stupéfaction de tous, de surcroît des sages vieillards.

– ! ? !
– A cette allure nous finirons tous réduits en cendre !
– D'où lui vient cette attitude menaçante ? Et pourquoi soumettre toute la communauté à une telle alerte angoissante ?

Rien d'autre à faire sinon applaudir... Néanmoins, dans les yeux des villageois éclate une admiration naïve :

---

3 Désert

– Vive le roi !
– Vive le chef Mantomba !
– Mantomba, le chef à nous tous !

Au fil des heures, des jours et des mois, les villageois se rendaient bien vite compte que le chef était hanté par un sentiment d'orgueil et d'avarice.
De gré ou de force, il croissait son héritage au détriment de la communauté. Il spoliait ses contemporains et s'accaparait de leurs biens...
   – Un chef narcissique n'est pas le meilleur type sur qui compter. Quand pensera-t-il aux autres ? Sûrement après 40 ans ! murmurait un sage vieillard.
   – Nous ne travaillons que pour lui ! Ses intérêts applaudis, les nôtres au diable !

Du matérialisme effréné, Mantomba passait si facilement à l'impudicité dont le couronnement satanique reste son désir de se faire « dieu ». Et sa précieuse arme était le chantage, en se taillant en même temps une large propagande...
   – Sans moi ce village serait dévasté... ! Je suis et je reste le garant de son intégrité. De moi seul découlent sa protection et sa sécurité... Qui l'ignore que je suis au-dessus de la mêlée... ?
L'injustice aussi devenait monnaie courante au point de prendre pour chair à canon les pauvres concitoyens, voire de les emprisonner sans état d'âme. Qui ne partage pas son opinion est d'office ennemi, et par conséquent voué à la mort.
Naturellement, dans son regard brille une pointe de colère et dans ses yeux étincelle la fureur.
   – Il est coupable, tuez-le !
   – Sa peine est à vie. Tout de lui m'appartient désormais, n'est-ce pas que je suis le chef ? Je détiens tout pouvoir... !

A cet effet, une épine du remords perce tous les cœurs, et une vive émotion les agite...
Même les petits enfants se méfiaient de Mantomba...
   – Qu'il est sadique ce chef !
   – Il ordonne le massacre d'hommes comme pour des brebis destinées à l'abattoir !
   – Les mots doux ont toujours été plus efficaces que la force !
   – Rien ne nous prouve que nous avons un chef... ! Mieux encore un frère, un berger à l'image de Nsadisi !
   – Il est méchant, il diffère de mon papa... Ce n'est pas un bon papa... !

Albert et Nestor, deux notables du village, s'entretiennent à propos du comportement antisocial du chef, leur inquiétude est grande :
- Nestor, crois-tu que ce roi est réellement fils du terroir ? Sais-tu qu'il venait de convoiter la femme d'un de ses collaborateurs, par la suite, le pauvre homme était incarcéré puis abattu, pardieu !
- J'en suis fort perplexe Albert. Le pauvre homme a beau mendier de sa clémence mais peine perdue ! Encore faudrait-il se demander quel régime ce dirigeant nous amène-t-il ? Il tue à la minute oubliant que la vie est sacrée ! C'est dommage Albert…
- Pensons à agir Nestor avant que nos filles ne deviennent ses femmes, et nos jeunes gens enrôlés dans sa maudite armée…
- Bien dit Albert… !

La nausée morale inspirée par ce roi contraignait les âmes pieuses et civilisées à une clandestinité chapeautée par l'exil. Dès la profonde et lugubre nuit, elles quittaient le village au risque d'être arrêtées et d'écoper un emprisonnement à vie, sous prétexte d'une trahison à l'endroit du chef.

Par ailleurs, de plus en plus la famine, la misère, par conséquent, la maladie et la mort faisaient de sacrés ravages. On ne parlait plus d'autosuffisance alimentaire moins encore du communautarisme, plutôt de l'individualisme, du chacun pour soi. Du coup, les vols, les viols, les tueries et massacres ne sont plus à douter. La haine bat son plein, et, l'amour est tu, banni.
C'est dans une affreuse anarchie que se débat ce malheureux peuple. Oui, sans ambages l'enfer au cœur du paradis…

Satan est vraiment à l'œuvre. Sous l'intrigue de Mantomba, à la manière d'un désert, un violent conflit de génération s'étend dans le village. Comme les épines font mal aux pieds déchaussés, de même les cheveux blancs sont sans protection, de surcroît la cible des railleries et des meurtres :
– Vivent les jeunes !
– Mort aux vieux !

Bientôt ces bibliothèques pleines de richesses vont disparaître. La sagesse à son tour va en exil…
- Dans une atmosphère des vices baignent ces jeunes esprits ! Mantomba n'a aucun avenir, ça c'est sûr ! Que notre sang tombe sur sa tête !

- Ne t'en fais pas mon cher... Dans les controverses d'un temps se réfléchit le caractère de ce temps. Tôt ou tard l'avenir nous donnera raison !
- Les oreilles ne dépassent jamais la tête, nos ancêtres ne l'ont-ils pas expérimenté ?

Néanmoins, chaque matin et chaque soir un sage « rossignol », aux cheveux blancs chantait clandestinement un cantique interpellateur, humanitaire et conciliant :

> Pourquoi mentir ton prochain ?
> Détourner le bien qui lui appartient,
> Voler sa vie et sa paix,
> En te servant de l'épée...
> Ah ! L'amour, c'est quoi ? Et sa mélopée ?
>
> Vous qui commanditez un massacre,
> Etes-vous différents d'autrui ?
> Vous qui obéissez aux ordres immoraux, même les diacres !
> En tuant, n'éprouvez-vous pas d'ennuis ?
> Ah ! Est-il impossible de voir s'élever un « soleil » de minuit ?
>
> De qui avez-vous la vie pour la tuer ?
> Lui, le Maître, ne vous demandera-t-il pas de compte ?
> Croyez-vous qu'il est aveugle et sourd des massacres perpétués ?
> En supprimant la vie, avec préméditation et sans crainte...
> Ah ! Que le bon Samaritain vous dompte !
>
> Halte ! Ne tuez plus ! Pourquoi tuer ?
> Si vous n'avez pas besoin d'autrui,
> Commencez, vous-mêmes, par évacuer,
> Vie aux pauvres truies !
> Ah ! Si vous pouvez imaginer rien qu'un de vos doigts détruit !
>
> Votre statut et rôle vous trompent...
> Mais votre souffle n'est pas différent de celui d'un nourrisson...
> Des milliers des conseillers vous corrompent,
> Comme un refrain chanté à l'unisson...
> Tant pis ! Seul, vous comparaîtrez devant Dieu de toute façon !

Enfants, jeunes et vieux sont invités à la chorale
Pauvres ou riches, blancs ou noirs, tous ont droit à la parole,
Au profit de la paix et de l'harmonie,
De la vie pour toute vie, abat la rougeole !
De la jouissance pendant la vie...
Ah ! Si tout le monde pouvait voir Dieu dans son parvis !

Crions-le sur les toits,
Sur les collines ou les montagnes,
Dix fois, cent fois, mille fois,
Pourvu que le message nous atteigne,
Nous accompagne...

De la campagne en ville...
De nos oreilles jusqu'à notre cœur...[4]

A distance, le Créateur, le Maître du village s'inquiète pour son patrimoine pris en otage. En dépit de tout, son peuple ne le consulte pas. Va-t-il agir en sa faveur ? Non, il se tait, le temps d'observer, sagesse oblige.
Après bien des années de faiblesse généralisée, la guerre ensanglantait ce malheureux village. Une bande de chasseurs venue d'ailleurs l'envahit. A cet effet, l'armée du dictateur essuyait un désastre et une lourde défaite. Mantomba, dépouillé, s'échappait bel et s'exilait dans un village très éloigné. Dès l'instant les villageois ne cessent de s'en moquer :
- Mantomba, « celui qui cherche trouve ! » hi ! hi !
- L'arrogance, l'orgueil, précèdent la chute ! C'est conclu... !
- Le balayeur balayé ! Il a reçu en retour du feu !
- Où sont passées tes forces occultes, ô pauvre Mantomba !

Mantomba s'en va, le patrimoine reste. Il s'en va tel qu'il était venu, poussière tu es, poussière tu seras !
Sa richesse l'ignore, le renie ; son orgueil a changé de veste. Elle a subit une complète métamorphose : quelle humiliation !
Tout passe... Vanité des vanités, tout est vanité...

---

[4] Tiré de notre brochure « Hymnes au Roi de gloire, Un parfum du cœur pour Jésus-Christ ». Section « Hymnes du pèlerin traversant le désert, les larmes... après la fête »

Le mal au pluriel

> « Ce sont vos fautes qui vous séparent de votre Dieu »
>
> Esaïe 59.2

De l'autre côté, à la tête de la troupe de chasseurs se pointe un autochtone nommé « Tumanisa[5] », exilé il y a belle lurette, à cause de la cruauté manifestée par Mantomba. Il est bien accueilli par les villageois...
- Tumanisa, bon retour au village !
- Dieu te bénisse !
- Vive le libérateur !
- O merci d'essuyer nos larmes, vaillant Tumanisa !
- Nous étions punis par notre propre frère, quel démon !
- Nous t'aimons de tout cœur !

Soucieux de ramener l'ordre, la justice et le bien-être dans le village, le fils du terroir avait, malheureusement, conclu des alliances qui portaient atteinte à la sécurité du village.
Au fil du temps, le compte à rebours commençait. Déjà, les combattants étrangers réclamaient leur dû, accusant leur leader de vouloir les vaincre par la ruse, comme une tortue réfugiée dans sa carapace.

Hormis tant de brillantes qualités manifestées par Tumanisa se dissimule malheureusement un imperceptible défaut : l'idolâtrie. Profitant ainsi de cette imperfection morale, ce chef est défait par les étrangers, sa ruse est déjouée. Le voilà maîtrisé...! Quelle désolation pour les autochtones qui voyaient déjà luire une lueur d'espoir !
- Pourquoi avait-il pactisé avec le diable ?
- Pourquoi chercher refuge dans la gueule du lion affamé ?
- Nous ignorons même l'origine de ces étrangers ! D'où viennent-ils ? Comment devons-nous leur faire tête ?
- Quel coup dur tu nous cause pauvre Tumanisa ?
- Tu as enfoncé le couteau dans la plaie – alors qu'elle tendait à sa cicatrisation ! Pourquoi ! Pourquoi ! Pourquoi... !

---

5 Finissons-en !, Tout terminer

- Tu n'étais qu'un poison retardé, une bombe aux effets néfastes ! Tu nous tues avec toi, pourquoi ?
- Tumanisa, oui, tu as tout terminé. Tout de nous, et tout de notre village s'en va ! Oh ! Quel pacte diabolique !
- Tumanisa, Tu as trahi le village !
- ??!?!!!!!!!!

La pression étrangère est énorme, les autochtones ne se retrouvent pas... Un des chasseurs s'autoproclame roi, et plie le peuple au silence. « Kimfunia »[6] est son nom. Sur son front resplendit un calme hautain, et au fond de son âme gronde un orage de rancune à l'égard des villageois. Désormais, le village est sous régime étranger.

Comme il fallait s'y attendre, l'anarchie déchire ce malheureux village. Les chasseurs étrangers font la loi. Le trésor public est vidé. Les richesses du village pillées ; les belles maisons maladroitement occupées ; l'ivrognerie, la débauche et le viol sont leurs véritables loisirs. Pas de place pour la vérité et la justice en faveur des autochtones.
Ce régime préfigure la tombe, l'obscurité, la misère sans poésie, bref l'anormal sous toutes ses formes.

Quoique sans résultat escompté, les femmes tentent de sauver la situation. Elles haussent le ton...

> Moi femme, je m'appelle Marie,
> Pour plaire à tous, surtout à mon mari.
> Tendre, je ne fais rien sans que je ne souris,
> En beauté, bonté et grâce, Dieu m'a nourri.
>
> Sans moi, l'homme est incomplet,
> Comme un refrain sans couplets.
> Grâce à moi, l'enfant est digne d'être contemplé,
> Et par mes soins il vit des années centuplées !
>
> Hélas ! Jour après jour l'homme m'agresse,
> Me violente et m'outrage sans cesse.
> Il oublie que je suis presqu'une princesse,

---

6 Jalousie, Rancune

Même jusqu'à la vieillesse !

O homme, juste un peu d'égard !
O homme, juste un tendre regard !
O homme, halte à tes sentiments bizarres,
O homme, juste un amour vrai, sincère et non du hasard !

En grand perdant, les autochtones s'interrogent et s'exclament :
- Qu'avons-nous fait pour subir un si écrasant joug ?
- Quelle famine affreuse ! Une famine sans pareille, infernale à coup sûr !
- Jusqu'où ira notre peine importée et démesurée ? Pour un tel fléau, seul le divin pourrait l'éradiquer, parce que démoniaque !
- Bien dit ! Au problème spirituel, solution spirituelle !

Encore un régime meurtrier et sadique à large spectre qui s'investit dans le village. Pour les autochtones, le droit à la parole est confisqué ; la liberté d'opinion est limitée ; la seule à leur portée reste le culte de la personnalité de Kimfunia.
Loin du droit chemin tracé par le riche Seigneur, s'égarent plusieurs âmes d'élite. Les pauvres longtemps marginalisés deviennent des instruments de choix pour la propagande de ce nouveau venu. Plus grave encore, ils se désolidarisent ; certains d'entre eux s'entretuent, d'autres encore optent pour l'exil.

L'épidémie morale sans cesse grandissante ravage de mal en pis ce peuple. Dès lors, comment Kimfunia, pourrait-il entrer en contact avec le Maître du village ? De prime aborde, tous les deux n'entretiennent aucune relation, en plus le nouveau venu n'est même pas reconnu du membre des autochtones ! C'est dire qu'il n'est pas à sa place...
Depuis, la communion Créateur du village et dirigeant était rompue sans procès.

Entre leurs crimes et la justice du Maître s'interposent quand même quelques âmes ferventes. Nuitamment, un groupe d'autochtones se retire dans la forêt pour faire l'état des lieux, et cela, à l'insu de Kimfunia et sa clique... Au premier rang brille Nestor Ntuadisi[7], un grand et brillant orateur...
- Nous vivons l'héritier sans héritage à proprement parler !
- Génial Nestor ! En faveur de cette assertion témoignent des faits incontestables !
- Que d'atrocités, d'impaiements et de délestages de salaire, d'escroqueries, de

---

7 Enseignant, Guide, Orienteur

mensonges et de corruptions !

- Nous sommes devenus des étrangers sur notre propre terre, que c'est dégueulasse !

- Pour ces étrangers, la course au matérialisme est le véritable cheval de bataille... En plus, toute action liée à l'appauvrissement du village n'est pas mauvaise ou punissable !

- Nous n'avons plus qu'une seule chose : faire désormais fi d'eux sans aucun prétexte !

- En outre, le Maître doit être saisi de tout ce que nous vivons dans le village !

- Bien dit Norbert ! Tu peux aussi jouer le rôle du secrétaire... La première lettre sera expédiée dès demain...

- C'est d'accord Nestor... Mais avant toute chose rependons nos cœurs au travers d'un cantique – histoire de nous apporter un ultime réconfort et de nous rappeler la promesse du riche propriétaire du village d'être à nos côtés jusqu'à la fin.

> Mon Dieu, plus près de toi, plus près de toi !
> C'est le mot de ma foi : Plus près de toi !
> Dans le jour où l'épreuve déborde comme un fleuve,
> Garde-moi près de toi, plus près de toi !
>
> Plus près de toi, Seigneur, plus près de toi !
> Tiens-moi dans ma douleur, tout près de toi !
> Alors que la souffrance fait son œuvre en silence,
> Toujours plus près de toi, Seigneur, tiens-moi !
>
> Plus près de toi, toujours, plus près de toi !
> Donne-moi ton secours, soutiens ma foi !
> Que Satan se déchaîne, ton amour me ramène
> Toujours plus près de toi, plus près de toi !
>
> Mon Dieu plus près de toi !
> Dans le désert j'ai vu, plus près de toi, ton ciel ouvert.
> Pèlerin, bon courage ! Ton chant brave l'orage...
> Mon Dieu, plus près de toi, plus près de toi[8] !

---

[8] Sarah Flower Adam, 1841, Chants de victoire n° 245

En dépit de tout, dans le cœur du Maître vit encore l'amour pour son village. Il est très flatté de cette prise de conscience, et peut désormais compter sur cet échantillon populaire. En réponse à leur lettre, il leur garantit sa fidélité et sa délivrance dans un proche avenir. Qu'il leur enverrait ses serviteurs pour châtier les méchants du milieu de son village avant que lui-même ne soit de retour.

Pour justifier l'imminence de son intervention, il leur donne les précisions suivantes :
- Ce n'est pas par la vérité que ces nouveaux venus sont puissants dans mon village ; car ils vont de mensonge en mensonge ; de méchanceté en méchanceté. Et ils ne me connaissent pas, ainsi, ils trouveront leurs comptes...
Une fois le travail de mes serviteurs fini, mon patrimoine portera un nom nouveau. Le gentil homme que je m'étais choisi dès le ventre de sa mère est apte à prendre le trône. Il est déjà bien au courant de mon projet. Réjouissez-vous... Je vous donne ma paix.

Dès réception de la missive, le groupe se réfugiait une fois de plus dans sa cachette. A sa lecture, un sourire de triomphe illumine leurs visages ; dans leurs yeux rit l'espoir, et, un flot de lumière inonde les replis de leurs âmes. Les voilà tous contents et de confesser à l'unisson :
- Au-dessus de l'humanité veille une providence !
- Amen ! Qu'il en soit ainsi !
- Hourra !
- Dans l'existence la plus sombre luit parfois un jour de bonheur !

Mais les interrogations sans réponse exacte ne manquent pas aussi :
- Nestor, dis-nous, qui sera notre futur dirigeant ?
- Je n'en sais rien pour l'instant, ce n'est pas Georges par hasard ?
- Pas du tout, celui-là n'est pas sociable !
- Disons simplement Arthur...
- Pourquoi jugez-vous selon les hommes ? Patience, au moment opportun le Créateur nous présentera son élu, n'oublions pas que ses choix sont toujours les meilleurs, disait un sage paraissant le plus âgé de tous.
- C'est parfait grand sage ! répondait toute l'assemblée clandestine.

L'implication du Maître du village est grande. La même nuit, il parle à Kimfunia en rêve...
- Que celui qui est sage ne se glorifie pas de sa sagesse ; que celui qui est fort ne se

glorifie pas de sa puissance ; que celui qui est riche ne se glorifie pas de sa richesse...

Il renchérit...

- Celui qui veut se glorifier, qu'il se glorifie de ceci : d'avoir l'intelligence de me connaître, moi qui suis le Maître du village, qui agis avec bienveillance, qui exerce le droit et la justice ; car ce sont là les choses qui me font plaisir...

Et il annonce le jugement à venir...

- Or le temps vient où j'interviendrai contre ceux qui ont asservi mon peuple et l'ont poussé à me tourner le dos, oui, j'agirai pour que l'on sache qu'il y a un Maître du village à qui il faut obéissance et amour. J'agirai bientôt !

Quel cauchemar pour Kimfunia ! Et quelle transpiration ! Dans ses veines circule un feu dévorant... Malgré tout, il fait la sourde oreille...

Il vient... Maranatha!

> « *Veilleur, que dis-tu de la nuit ?*
> *Veilleur, que dis-tu de la nuit ?* »
>
> *Et le veilleur répond :*
>
> « *Le matin vient, et la nuit vient aussi.*
> *Si vous voulez poser des questions, posez-les,*
> *Convertissez-vous et venez* »
>
> *Esaïe 21.11-12*

Et le soleil se leva... Le moment promis était arrivé. Quelle que soit la longueur de la nuit, le jour finit toujours par apparaître, dit-on.
Informé par le Maître, « Mvungi »[9] s'humiliait. A genou, le futur chef du village récitait une prière de reconnaissance et d'abandon...

   - O Maître, toi qui m'accompagnes jour après jour, même pendant le jour le plus noir, quand la nuit et le danger me guettaient. Tu as su éclairer mon esprit et mon chemin pour m'aider à traverser la vallée des ténèbres...
J'ai eu des moments de crainte, mais je n'ai jamais désespéré, tu as rempli mon cœur de foi et d'espoir. Et si aujourd'hui tu me vois triste pour ce qui va se passer, c'est parce que moi aussi je ne suis qu'un homme...
Mais, en réalité, je me réjouis à la pensée d'un monde nouveau, un monde qui t'aimera et te craindra ; ô Maître, Père de mes pères, que ta volonté soit faite.

Les serviteurs du Maître, en grand nombre, brillèrent par des sublimes exploits. Ils mettaient fin au règne de Kimfunia. Assainissement terminé, Mvungi est couronné roi. Le Créateur, le Maître, le riche Seigneur lui fit dire ceci :
   - Tu n'es pas seulement mon serviteur pour rétablir les tribus de mon peuple et de ramener ceux que j'ai préservés par-ci par-là.
Car, je t'établis roi pour être la lumière du village, afin d'honorer le Créateur qui est fidèle, oui, le Souverain, qui t'a choisi...
La consécration continue...
   - Défends la vérité, la douceur, la justice. Que ta main se signale par des actions

---

9 Berger

d'éclat.

Du reste, le serviteur du Maître de préciser les points inscrits dans le cahier de charges…

Sur le plan nutritionnel, il faudra apaiser la famine, étancher la soif, ramener l'abondance, que mon peuple voie son espoir ranimé et la joie de vivre restaurée…

Sur le plan éthique et social, régler tout différend, réparer les injustices, dissiper la haine, réprimer la violence, enrayer l'épidémie morale et tout progrès d'un mal, réchauffer l'affection, que les alliances, les relations entre tribus au sein du village ne souffrent plus d'aucune entrave désormais.

Sur le plan militaire, faire intervenir un changement dans la direction de l'armée. Que l'ordre soit rétabli, la sécurité des biens et des personnes restaurée, l'intangibilité des frontières garantie…

Sur le plan spirituel, le roi rappellera les valeurs religieuses à mon peuple. Mon village, c'est en réalité, un royaume hospitalier, solidaire rayonnant la gloire et la force du Créateur. C'est l'incarnation du Royaume céleste sur la terre.

Somme toute, mon village étalera tout son luxe. Il retracera une image magnifique et magique sous les yeux du monde. Il allumera comme jadis les convoitises…
Comme la chaleur épanouit les fleurs, et le firmament publie la gloire de Dieu, de même, mon village, par sa nature, devra magnifier son Créateur et s'apprêter comme l'épouse se pare pour son époux – pour un heureux et éternel mariage… Car l'avènement de son Maître est réel et proche…
Que l'esprit du Maître t'accompagne, va et plein succès !

Et, Mvungi de répondre par un mot, combien profond et riche en signification :
- Amen !

Après cela, le nouveau roi est soumis à la probation du peuple. Celui-ci l'accueille avec euphorie :
- Dieu soit loué !
- Beni soit celui qui vient au nom du riche Seigneur !
- Que tes jours soient innombrables !

- Dieu te bénisse !
- Nous t'aimons... !
- Qu'il en soit ainsi, vive le roi !
- Mvungi, notre Berger !
- Loin de toi l'esprit d'un chasseur qui ne pense qu'à l'extermination du troupeau ! Dieu te vienne en aide !
- Bravo !
- Montre-nous le chemin du salut et de l'amour !

Ouvrir le Livre, rompre le sceau...

> *« O pays, pays, oui pays, écoute la parole que l'Eternel t'adresse ! »*
>
> *Jérémie 22.29*

L'Eternel Dieu a créé l'univers selon son immensité. Un monde beau qui puisse resplendir sa gloire. Un monde qui puisse être en harmonie avec son créateur. Et il a aimé sa création. Et en retour ? L'harmonie escomptée est-elle observée ? L'homme, en particulier, créé à l'image de Dieu, a-t-il fait de son Créateur et de tout ce qui lui concerne la seule raison de sa vie ?

En parcourant la Bible, le Livre de la révélation de Dieu aux hommes, y compris la lecture des faits d'actualité, nous pouvons d'emblée constater que spirituellement deux mondes s'influencent mutuellement : celui des chrétiens et celui des autres – les non chrétiens. Mais, pourquoi deux mondes, alors que Dieu n'a créé qu'un seul ?

Pourquoi quand le Créateur dit : « fait ceci », la créature désobéit et fait autre chose ? Le Tout-puissant, le plus grand de tous ordonne ceci, le plus petit, le frêle s'y oppose en faisant ce que bon lui semble.
Pourquoi tel paradoxe ? Quelle insubordination ! Quelle arrogance et quel orgueil !
O créature, jusqu'où ira cet orgueil ? Que sais-tu de toi-même ? D'où es-tu venue et quelle est ta destinée ? Comment oses-tu t'opposer à celui qui t'a créé ? Lui qui t'a donné d'être là, d'être ce que tu es.
Comment ne peux-tu pas penser au ressentiment de ton Créateur après lui avoir tourné le dos ? C'est comme un fils qui se rebelle contre son père... D'après toi, est-il insensible ou perturbé ? Encouragé ou découragé ?

Créature, reviens au Seigneur ! Terre, reviens au Seigneur qui t'a créé ! Ton arrogance et ton orgueil précèdent ta chute. Fais une rétrospection d'idées, pense à ce que tu as fait aux travers les âges, réfléchis ! Réfléchis bien, ô ingrate créature ! As-tu quelque chose à ajouter ? En attendant, fais-toi ton propre juge, alors que moi je veux te rafraîchir la mémoire en énumérant quelques faits.

L'arche de Noé – Le Titanic

L'Eternel vit que les hommes faisaient de plus en plus de mal sur la terre : à longueur de journée, leur cœur ne concevait que le mal. Alors l'Eternel fut peiné d'avoir créé l'homme sur la terre, et il en eut le cœur très affligé.
Il dit alors :
- Je supprimerai de la surface de la terre les hommes que j'ai créés. Oui, j'exterminerai les hommes et les animaux jusqu'aux bêtes qui se meuvent à ras de terre et aux oiseaux du ciel, car je regrette de les avoir faits.

Mais Noé obtint la faveur de l'Eternel et lui dit :
- J'ai décidé de mettre fin à l'existence de toute les créatures car, à cause des hommes, la terre est remplie d'actes de violence. Je vais les détruire ainsi que la terre. Mais toi, construis un grand bateau en bois résineux. Tu en diviseras l'intérieur en compartiments, et tu l'enduiras intérieurement et extérieurement de goudron... Et moi, je vais faire venir le déluge d'eau sur la terre pour détruire, sous le ciel, tout être animé de vie. Tout ce qui est sur la terre périra. Mais j'établirai mon alliance avec toi et tu entreras dans le bateau, toi, tes fils, ta femme et tes belles-filles avec toi. Tu feras aussi entrer dans le bateau un couple de tous les êtres vivants, c'est-à-dire, un mâle et une femelle de tous les animaux, pour qu'ils restent en vie avec toi. De toutes les sortes d'oiseaux, de quadrupèdes et d'animaux qui se meuvent à ras de terre, un couple viendra vers toi pour pouvoir rester en vie. Procure-toi aussi toutes sortes d'aliments et fais-en provision pour vous en nourrir, toi et eux...
Puis l'Eternel ferma la porte derrière Noé, et le déluge s'abattit durant quarante jours sur la terre, les eaux montèrent et soulevèrent le bateau, qui se mit à flotter au-dessus de la terre...

Après le déluge, quand la terre était complètement sèche, Dieu dit à Noé :
- Sors du bateau avec ta femme, tes fils et tes belles-filles. Fais sortir aussi tous les animaux qui sont avec toi : les oiseaux, les bestiaux et les bêtes qui se meuvent à ras de terre : qu'ils se rependent sur la terre, et qu'ils s'y reproduisent et s'y multiplient...[10]

O homme, ton Créateur avait regretté de t'avoir créé ! Tu as outrepassé les bornes à cause de tes actes de violence. Tu te crois au-dessus du Créateur, mais où étais-tu, ô homme, pour empêcher l'Eternel d'accomplir sa volonté ?

---
10 Genèse chapitres 6, 7 et 8

Une autre histoire s'écrivait sur les annales universelles : Celle du voyage inaugural à bord du Titanic.
En effet, le naufrage du RMS *Titanic* a mis fin à la traversée inaugurale, un paquebot, à l'époque, le plus grand et le plus moderne du monde, réputé insubmersible, qui devait relier Southampton à New York.

Le *Titanic* est construit sous l'initiative de Bruce Ismay en 1907, et conçu par l'architecte Thomas Andrews des chantiers navals de Harland et Wolff.
Sa construction débute en 1909 à Belfast et se termine en 1912.

Le naufrage se déroule dans la nuit du 14 au 15 avril 1912 dans l'océan Atlantique Nord, au large de Terre-Neuve.
Le navire heurte un iceberg sur tribord avant le 15 avril 1912 à 23 h 40 et coule en moins de trois heures, à 2 h 20. Entre 1.490 et 1.520 personnes périssent, ce qui fait de ce naufrage l'une des plus grandes catastrophes maritimes en temps de paix et la plus meurtrière pour l'époque. De nombreuses personnalités décèdent durant le naufrage, parmi lesquelles Benjamin Guggenheim et John Jacob Astor.
Il est pourvu de seize compartiments étanches servant à protéger le navire d'avaries importantes. Les médias lui donnent ainsi une image de navire fiable, même si, contrairement à la légende diffusée après le naufrage, il n'a jamais été considéré comme insubmersible.

Le naufrage a été un choc dans le monde entier, et notamment à New York et en Angleterre. Plusieurs facteurs se conjuguent pour expliquer à la fois le naufrage et le nombre élevé des passagers à ne pas y avoir survécu. Le navire ne disposait pas de canots de sauvetage en nombre suffisant et l'équipage n'avait jamais été entraîné à gérer ce type d'événement.
Les circonstances météorologiques et climatiques ont également joué un rôle déterminant.

Ce naufrage a fait environ 1.500 morts, les chiffres variant entre 1.491 et 1.513 tués. On compte donc environ 700 rescapés. Les membres d'équipage sont les plus touchés puisque 76 % d'entre eux sont morts. Également 75 % des troisièmes classes ont trouvé la mort. Les deuxièmes classes sont victimes du naufrage pour 59 % d'entre eux. La grande majorité des femmes est rescapée, alors que les hommes de deuxième classe sont encore plus touchés que ceux de troisième classe. Quant aux passagers de première classe, 60 % sont au nombre des rescapés. La quasi-totalité des femmes a survécu, et un tiers des hommes, ce qui est largement supérieur à toutes les autres classes.

D'une façon plus générale, la principale différence se situe entre les hommes et les femmes. Seules 25 % des femmes sont mortes durant le naufrage contre 82 % des passagers masculins. Les enfants sont davantage victimes que les femmes, 53 des 109 enfants à bord étant morts. Les enfants de deuxième classe sont tous rescapés, et la mort d'un enfant de première classe s'explique par le refus de ses parents d'embarquer dans un canot. Au contraire, la grande majorité des enfants de troisième classe a été victime du naufrage. Certaines familles sont totalement anéanties, notamment la plus nombreuse voyageant à bord, composée de 11 membres, un couple et leurs neuf enfants.
Les chiffres ci-dessus ont été établis par la Commission britannique d'enquête avec l'aide des témoignages qu'elle a pu recueillir.
Les huit musiciens de l'orchestre sont comptés dans la partie passagers de 2ème classe puisqu'ils ne font pas partie de l'équipage. Les enfants sont considérés comme ayant moins de 12 ans[11].

C'est curieux ! Un bateau artisanal, construit par un non professionnel, malgré les conditions climatiques caractéristiques, ne cause aucun dommage sur tous ceux qui sont à bord. Par contre, celui possédant toutes les qualités et considérations, sans omettre la notoriété de ses constructeurs, se voit sombrer au fond de l'océan, sacrifiant plus de la moitié de ses passagers.
La différence est que Noé est un non professionnel *oint* pour accomplir cette tâche, et sur ordre de l'Eternel. Pas pour se faire valoir, ni pour des titres de mérite.

O homme, réalises-tu ton vide spirituel ? Réalises-tu que Dieu reste incontournable et qu'on ne se moque pas de lui ?
Si dans nos activités, nous pouvons privilégier l'égalité de chance pour témoigner l'amour du prochain et la crainte de Dieu, ce dernier serait ravi et baisserait son regard d'amour sur ses créatures. Mais lorsque ces activités sont entachées d'injustices et des discriminations sociales, comment sera-t-il content ?

---

11 https://fr.wikipedia.org

La tour de Babel

A cette époque-là, tous les hommes parlaient le même langage. Et ils se dirent les uns aux autres :
- Allons, moulons des briques et cuissons-les au four.

Ainsi, ils employèrent les briques comme pierres et les bitumes leur servit de mortier. Puis ils dirent :
- Allons, construisons-nous une ville et une tour dont le sommet atteindra jusqu'au ciel, alors notre nom deviendra célèbre et nous ne serons pas disséminés sur l'ensemble de la terre.

L'Eternel descendit du ciel pour voir la ville et la tour que les hommes construisaient. Alors il dit :
- Voici qu'ils forment un seul peuple parlant tous la même langue, et c'est là ce qu'ils ont entrepris de faire ! Et maintenant, quels que soient les projets qu'ils concevront, rien ne les empêchera de les réaliser. Eh bien, brouillons leur langage pour qu'ils ne se comprennent plus entre eux !

Ainsi, l'Eternel les dissémina loin de là sur toute la terre ; ils cessèrent donc la construction de la ville[12].

Quel mal y-a-t-il de rester où Dieu nous a placé et de vivre harmonieusement avec lui ? Que gagnerons-nous de vouloir, de notre propre chef pour un impact égoïste, aller à ses côtés, dans son domaine ? La patience n'est que vain mot ?

C'est à lui de venir nous prendre, à l'heure qu'il juge bon ! La curiosité mal placée abêtie et tue !

Les égyptiens engloutis dans la mer rouge[13]

Et toi aussi pharaon ! Tu as assez vécu les hauts faits du Dieu des hébreux, au point de perdre ton fils. Mais, une fois de plus, comment oses-tu te laisser corrompre pour poursuivre le peuple de Dieu et de vouloir le retenir captif ?

Tu oublies que tu combats contre Dieu ? Et dans ce combat, à coup sûr, c'est le mortel qui perd...

---

12 Genèse 11.1-9
13 Exode 14.27-28

Regarde tes vaillants hommes au fond de la mer rouge, incapables de s'en sortir, leur tombe... causée par toi !

Le sacrificateur Eli et ses fils Hophni et Phinéas

Les fils d'Eli étaient des vauriens qui ne se souciaient pas de l'Eternel. En effet, voici comment ils agissaient à l'égard du peuple. Chaque fois que quelqu'un offrait un sacrifice, au moment où la viande cuisait, un de leurs serviteurs arrivait, une fourchette à trois dents à la main. Il piquait dans la casserole, la marmite, le chaudron ou le pot, et prenait pour le prêtre tout ce que la fourchette ramenait.
C'est ainsi qu'ils procédaient envers tous les israélites qui venaient à Silo. Et même parfois, avant que l'on fasse bruler la graisse, le serviteur du prêtre arrivait et disait à l'homme qui offrait le sacrifice :
- Donne-moi la viande à rôtir pour le prêtre, car il n'acceptera de toi que de la viande crue, il ne veut pas de viande cuite.
Si l'offrant objectait : « Il faut d'abord brûler la graisse, ensuite tu pourras prendre ce que tu voudras », le serviteur lui répondait :
- Tu m'en donnes immédiatement, sinon je prends de force.

Le péché de ces jeunes gens était très grave aux yeux de l'Eternel, car ils profanaient les offrandes lui destinées.

Eli était très âgé. Il entendait dire comment ses fils agissaient envers les israélites, et même qu'ils couchaient avec les femmes qui se rassemblaient à l'entrée de la tente de la Rencontre. Il leur dit :
- Pourquoi agissez-vous ainsi ? J'apprends de tout le peuple votre mauvaise conduite. Cessez donc, mes fils, car ce que j'entends raconter n'est pas beau. Vous détourner de la bonne voie le peuple de l'Eternel. Si un homme pèche contre un autre, Dieu est là pour arbitrer, mais si quelqu'un pèche contre l'Eternel lui-même, qui interviendra en sa faveur ?

Mais les fils ne tirent aucun compte de l'avertissement de leur père, car l'Eternel voulait les faire mourir.
Un jour, un homme de Dieu vint trouver Eli et lui dit :

- Voici ce que déclare l'Eternel : « Est-ce que je ne me suis pas clairement fait connaître à tes ancêtres et à leur famille quand ils vivaient en Egypte, esclaves du pharaon ? Je les ai choisis parmi toutes les tribus d'Israël pour qu'ils exercent le sacerdoce pour moi en offrant les sacrifices sur mon autel, en brûlant l'encens, et pour qu'ils portent le vêtement sacerdotal devant moi.
Je leur ai attribué une part de viande de tous les sacrifices consumés par le feu offerts par les israélites. Pourquoi donc méprisez-vous les sacrifices et les offrandes qui me sont destinés et que j'ai ordonné d'offrir dans ma demeure ?
Pourquoi honores-tu tes fils plus que moi en vous engraissant des meilleurs morceaux des sacrifices que mon peuple vient m'offrir ? »
Puisqu'il en est ainsi, voici ce que moi, l'Eternel, le Dieu d'Israël, je déclare : « J'avais promis à ta famille et à celle de tes ancêtres que vous seriez toujours chargés du service devant moi. Mais à présent, moi l'Eternel, je le déclare : c'est fini ! Car j'honorerai ceux qui m'honorent, mais ceux qui me méprisent seront à leur tour couverts d'opprobre.
Voici que le temps va venir où je briserai ta vigueur et celle de ta famille, de sorte qu'on n'y trouvera plus de vieillard. Alors que tout ira bien pour Israël, tu verras la détresse au sujet de ta demeure et personne n'atteindra plus jamais un âge avancé dans ta famille.
Cependant, je maintiendrai l'un des tiens au service de mon autel, mais ce sera pour épuiser tes yeux à pleurer et pour t'affliger, et tous tes descendants mourront dans la force de l'âge.
Ce qui arrivera à tes deux fils, Hophni et Phinéas, sera pour toi un signe : ils mourront tous deux le même jour. Ensuite, je me choisirai un prêtre fidèle qui agira selon ma pensée et mes désirs. Je lui bâtirai une dynastie qui me sera fidèle et qui officiera en présence du roi auquel j'aurai accordé l'onction.
Ceux qui subsisteront dans ta famille viendront se prosterner devant lui pour obtenir une obole et un morceau de pain, et lui diront : De grâce, accorde-nous une charge sacerdotale quelconque à côté de toi, pour que nous ayons du moins quelque chose à manger ».

Il arriva que les philistins virent livrer bataille contre Israël. Ce dernier fut vaincu. Chacun s'enfuit sous sa tente et ce fut une très lourde défaite : Israël perdit trente mille hommes. Le coffre de Dieu fut pris par les philistins et les deux fils d'Eli, Hopni et Phinéas, moururent.

Et que dire de la mort d'Eli ? Un homme de Benjamin s'échappa du champ de bataille et courut jusqu'à Silo le jour même ; il avait déchiré ses vêtements et couvert sa tête de poussière en signe de deuil. Au moment où il arriva, Eli était assis sur son siège, aux aguets près de la route, car il était très inquiet au sujet du coffre de Dieu. L'homme vint annoncer la nouvelle dans la ville, et tous les habitants se mirent à pousser de grands cris.

Quand Eli entendit ces cris, il demanda :
- Que signifie ce tumulte de la foule ?

L'homme se dépêcha de venir lui annoncer la nouvelle. Or Eli était âgé de quatre-vingt-dix-huit ans, il avait les yeux éteints, il était complètement aveugle. L'homme dit à Eli :
- J'arrive du champ de bataille. Je m'en suis enfui aujourd'hui même.
- Et que s'est-il passé, mon fils ? lui demanda Eli.
Le messager lui répondit :
- Israël a pris la fuite devant les philistins ; nous avons subi une terrible défaite ; même tes deux fils Hophni et Phinéas sont morts, et le coffre de Dieu a été pris.

Lorsque le messager fit mention du coffre de Dieu, Eli tomba de son siège à la renverse, à côté de la porte du sanctuaire, il se brisa la nuque et mourut, car il était très lourd[14].

Par ce récit nous déduisons qu'une fois que le sacerdoce est corrompu, Dieu est rejeté et dévalorisé, les fidèles exploités, le sang se repend et les intérêts de Dieu confisqués. A cause de serviteurs passifs, lâches et indécis, Satan gagne du terrain. Les conséquences sont fâcheuses et Dieu ne laisse pas impunis les responsables.

Sous l'angle politique, des réalités analogues peuvent s'observer. Hormis le plan de Dieu, Pilate n'avait rien trouvé de mal contre Jésus-Christ, et pourtant, il était incapable de le déclarer non coupable et de le relâcher... O Pilate, ton dieu c'est la politique ? Que feras-tu lorsque le Dieu véritable t'exigera de compte ?
Dieu ne nous fera jamais confiance si nous sommes intransigeants.

Le roi Saül se fait sacrificateur...

Saül avait un rendez-vous avec le prophète Samuel alors que les philistins mobilisèrent leurs troupes contre Israël. Il attendit sept jours, Samuel n'arrivait pas. Les soldats

---
14 1 Samuel 2.12-17, 22-25, 27-36 ; 4.10, 12-18

israélites commencèrent à abandonner Saül et à se disperser.

Alors Saül dit :
- Amenez-moi les bêtes de l'holocauste et des sacrifices de communion.
Et il offrit lui-même l'holocauste. Au moment où il achevait de l'offrir, Samuel arriva, Saül alla à sa rencontre pour le saluer. Samuel lui demanda :
- Qu'as-tu fait ?
Saül répondit :
- Quand j'ai vu que mes soldats se dispersaient loin de moi, que tu n'arrivais pas au rendez-vous fixé et que les philistins étaient concentrés à Mikmach, je me suis dit : « Les philistins vont tomber sur moi à Guilgal avant que j'aie pu implorer l'Eternel ». Alors, je me suis fait violence et j'ai offert l'holocauste.

Samuel dit à Saül :
- Tu as agi comme un insensé. Tu n'as pas obéi au commandement que l'Eternel ton Dieu t'avait donné. Si tu l'avais fait, l'Eternel aurait affermi ton autorité royale sur Israël et il aurait fait en sorte que tes descendants y gardent pour toujours la royauté. Mais, puisque tu as désobéi aux ordres de l'Eternel, ta royauté ne subsistera pas, l'Eternel a décidé de se chercher un homme qui corresponde à ses désirs et de l'établir chef de son peuple.

Contre les amalécites l'Eternel, le Seigneur des armées célestes déclare : « J'ai décidé de punir les amalécites pour ce qu'ils ont fait au peuple d'Israël, en se mettant en travers de sa route quand il venait d'Egypte. Maintenant, va les attaquer et voue-les-moi en les exterminant totalement avec tout ce qui leur appartient. Sois sans pitié et fais périr hommes et femmes, enfants et bébés, bœufs, moutons, chèvres, chameaux et ânes ».

Saül battit Amalec depuis Havila jusqu'aux abords de Chour à l'est de l'Egypte. Il captura Agag, roi d'Amalec, vivant, et extermina toute la population par épée.
Saül et ses soldats épargnèrent Agag ainsi que les meilleurs animaux du butin : moutons, chèvres et bœufs, bêtes grasses et agneaux ; ils ne voulurent pas les détruire pour les vouer à l'Eternel. Par contre, ils détruisirent tout ce qui était méprisable et sans valeur.

Alors Samuel dit à Saül :
- Pourquoi n'as-tu pas obéi à l'ordre de l'Eternel ? Pourquoi as-tu fais ce qu'il considère comme mal en te précipitant sur le butin ?

Saül répliqua :
- Mais si, j'ai obéi à l'ordre de l'Eternel et j'ai accompli la mission qu'il m'avait confiée : j'ai ramené Agag, roi d'Amalec, et j'ai exterminé les amalécites pour les vouer à l'Eternel. Mais les soldats ont prélevé sur le butin les meilleurs moutons et les meilleurs bœufs qui devaient être voués à l'Eternel par destruction, pour les offrir en sacrifice à l'Eternel ton Dieu à Guilgal.
Samuel lui dit alors :
Les holocaustes et les sacrifices font-ils autant plaisir à l'Eternel que l'obéissance à ses ordres ? Non ! Car l'obéissance est préférable aux sacrifices, la soumission vaut mieux que la graisse des béliers. Car l'insoumission est aussi coupable que le péché de divination et la désobéissance aussi grave que le péché d'idolâtrie. Puisque tu as rejeté les ordres de l'Eternel, lui aussi te rejette et te retire la royauté.

Tout ne s'arrête pas là. Pour faire face aux philistins en campagne contre Israël, Saül va consulter une femme qui interroge les morts. Alors que dernièrement, il avait fait disparaître du pays ceux qui font la nécromancie et ceux qui pratiquent la divination[15].
Le chien est retourné sur ce qu'il a vomi !

Et la fin de Saül ? Les philistins attaquaient Israël. Les soldats israélites s'enfuirent devant eux et beaucoup d'entre eux furent tués sur le mont Guiboa.
Les philistins s'acharnèrent sur Saül et tuèrent ses fils Jonathan, Abinadab et Malkichoua. Dès lors, tout le combat se concentra sur Saül.

Les archers le découvrirent et il en fut très terrifié. Alors, il ordonna à celui qui portait ses armes :
- Dégaine ton épée et tue-moi, pour que ces incirconcis ne viennent pas me transpercer et me faire subir leurs outrages.

Mais celui-ci refusa, car il tremblait de peur. Alors Saül prit lui-même l'épée et se jeta dessus. Quand l'écuyer vit que Saül était mort, il se jeta lui aussi sur son arme et mourut aux côtés de son maître.
Ainsi périrent ensemble, le même jour, Saül, ses trois fils, l'homme qui portait ses armes, et tous ses hommes.

N'oublions pas aussi que par jalousie, Saül avait pourchassé David comme une perdrix.

---
15 1 Samuel 13.9, 13-14 ; 15.2-3, 7-8, 22-23 ; 28.4-20 ; 31.1-6

L'ex oint de l'Eternel combat de toutes manières son successeur, le nouvel oint... De même, le vieux prophète a combattu le jeune prophète...
Oints de Dieu, avons-nous égard à l'Esprit divin siégeant en nous ? Sommes-nous prêts à le perdre à cause de choses dérisoires ? Eglise, où vas-tu ? O homme où cours-tu avec cette haine contre ton prochain ? Revenons au Seigneur !

Goliath[16]

Et Goliath ne trouve pas mieux que d'insulter l'armée de l'Eternel et David, son oint. Le professionnel non oint se moque du non professionnel oint. Nous l'avons déjà dit, dans ce genre de combat, c'est l'oint de Dieu qui l'emporte.
Dans ce cas, c'est Dieu qui combat dans le bout d'homme de David que Goliath minimise.

Les philistins savent très bien que les israélites appartiennent à Dieu, mais ils cherchent la moindre faille pour l'évincer. C'est le travail du lion rugissant cherchant qui dévorer.
Nous ne gagnons rien en cherchant querelles aux enfants de Dieu. Au contraire, nous exposons notre tête, peu importe notre professionnalisme, peu importe nos titres de mérite, peu importe nos médailles. Devant Dieu nous ne sommes qu'un moins que rien.

Jeune David, ne crains point ! Qui ose t'attaquer, sans le savoir, fait face à Dieu ! Goliath est géant aux yeux des hommes, mais rien aux yeux de Dieu, parce qu'il n'a pas son Esprit, l'*Esprit Supérieur* que ce monde ne peut recevoir ni donner.

Haman[17]

Et toi aussi Haman, ça fait belle-lurette que tu t'en prends aux juifs. Qui es-tu pour les exterminer ? Pourquoi tu les veux autant de mal ? Et pourquoi tu ne les supportes pas ? Crains-tu qu'ils te privent de ta terre ? Leurs prières te dérangent ?
Tu vas jusqu'à dresser une potence pour Mardochée ! Ne peux-tu pas écouter tes conseillers et ta femme te dire à son sujet : « Si ce Mardochée devant qui tu as commencé à être humilié est juif, tu ne pourrais rien contre lui. Tu peux être certain que

---
16 1 Samuel 17.1-58
17 Esther à partir du chapitre 3

tu continueras à déchoir devant lui »[18] ?

Malgré tout tu ne veux pas écouter. A cause de ton antisémitisme, tous ceux qui sont derrière toi vont périr.
Qui creuse une fausse y tombe seul : La potence dressée pour Mardochée t'est en réalité destinée. Tel père, tels fils ; ton mal les atteint aussi – ils vont connaître le supplice de la potence.

Ceux que tu crois faibles à tes yeux, ô homme, sont forts par le Tout-puissant qui est derrière eux. Ne l'as-tu jamais appris qu'il leur est recommandé de dire qu'ils sont forts ? Méfie-toi d'eux ! Le Tout-puissant, le Lion de la tribu de Judas, l'Ange de l'Eternel les soutient et combat en leur faveur... Car tu offenses celui qui les a créés et qui les aime...

Les prophètes de Baal et d'astarté[19]

Comment l'Eternel ne serait-il pas offensé par les *quatre cent cinquante* prophètes de Baal et les *quatre cents* prophètes de la déesse Achéra qui sont tous entretenus par la reine Jézabel ?
C'est dire que le peuple n'obéissait plus aux commandements de Dieu ! En lieu et place de protéger le peuple, les dirigeants l'exposent à l'idolâtrie et à la déperdition.

Seul l'Eternel, le Dieu d'Abraham, d'Isaac et d'Israël pouvait confondre ces idolâtres, en faisant tomber le feu du ciel, et de consumer l'holocauste, le bois, les pierres et la terre, et de réduire en vapeur l'eau de la rigole.

Le roi Nabuchodonosor

En rêve, Dieu parla à ce roi. C'était question de lui faire connaître le projet de son humiliation publique. De là il réalisera que seul l'Eternel est Dieu et le glorifiera :

> Je voyais, et voici, un arbre au milieu de la terre, et sa

---
18 Esther 6.13
19 1 Rois 18 : 20-40

hauteur était grande. L'arbre crût et devint fort, et sa hauteur atteignit jusqu'aux cieux, et on le voyait jusqu'au bout de toute la terre. Son feuillage était beau et son fruit abondant, et en lui il y avait de la nourriture pour tous ; sous son ombre se tenaient les bêtes des champs, et dans ses branches habitaient les oiseaux des cieux ; et de lui toute chair se nourrissait. Je voyais, dans les visions de ma tête, sur mon lit, et voici un veillant, un saint, descendit des cieux. Il cria avec force, et dit ainsi : Abattez l'arbre et coupez ses branches, faites tomber son feuillage et dispersez son fruit ; que les bêtes s'enfuient de dessous lui, et les oiseaux, de ses branches. Toutefois, laissez dans la terre le tronc de ses racines, avec un lien de fer et d'airain [autour de lui], dans l'herbe des champs ; et qu'il soit baigné de la rosée des cieux, et qu'il ait, avec les bêtes, sa part à l'herbe de la terre ; que son cœur d'homme soit changé, et qu'un cœur de bête lui soit donné ; et que sept temps passent sur lui. Cette sentence est par le décret des veillants, et la chose, par la parole des saints, afin que les vivants sachent que le Très haut domine sur le royaume des hommes, et qu'il le donne à qui il veut, et y élève le plus vil des hommes[20].

Par lui, roi puissant et orgueilleux, Dieu nous enseigne qu'il résiste aux orgueilleux, mais fait grâce aux humbles.
Quelle que soit la royauté bâtit sur terre, à tout moment, celle d'ordre divine pourra la pulvériser. Dieu trouve du plaisir à parrainer le règne d'un dirigeant humble et reconnaissant que toute autorité vient de lui.

Le roi Balthasar

Lors de son festin sacrilège en honneur de ses mille dignitaires, il ordonna d'apporter les coupes d'or et d'argent que Nabuchodonosor, son père, avait rapportées du Temple de Jérusalem. Son intention était de s'en servir pour boire, lui et ses hauts dignitaires, ses

---

20 Daniel 4.10-17 (Version Louis Segond)

femmes et ses concubines.
Après avoir bu du vin, ils se mirent à louer les dieux d'or, d'argent, de bronze, de fer, de bois et de pierre. A ce moment-là apparurent soudain, devant le candélabre, les doigts d'une main humaine qui se mirent à écrire sur le plâtre du mur du palais royal : « *Mené, mené, Téqel, Parsin* ». Pour dire : Dieu a *compté* les années de ton règne et les a menées à leur terme. Tu as été *pesé* dans la balance et l'on a trouvé que tu ne fais pas le poids, par conséquent, ton royaume a été *divisé* pour être livré aux Mèdes et aux Perses.
Daniel a bien fait d'expliquer à Balthazar : « ... Lorsque le cœur de Nabuchodonosor, ton père s'enorgueillit et qu'il s'endurcit jusqu'à l'arrogance, on lui fit quitter son trône royal et il lui fut dépouillé de sa gloire. Il fut chassé de la société des humains, sa raison devint semblable à celle des bêtes et il se mit à vivre en compagnie des ânes sauvages, il se nourrissait d'herbe comme les bœufs et son corps était trempé par la rosée du ciel. Cela dura jusqu'au jour où il reconnut que le Dieu très-haut est Maître de toute royauté humaine et qu'il élève à la royauté qui il veut. Et toi, son fils, Balthazar, tu savais tout cela, et cependant tu n'as pas gardé une attitude humble...

Dans la même nuit, Balthazar, roi des Chaldéens, fut tué[21].

Hérode le Grand et Hérode Agrippa I

Si le premier a excellé en meurtres, dont celui des enfants mâles en-dessous de deux ans, de Bethlehem et ses environs, parce que dupé par les mages lors de la naissance de Jésus-Christ[22] ; Agrippa I fit décapiter Jacques, frère de Jean, et emprisonner Pierre. Ayant accepté à Césarée des honneurs dus à Dieu, il mourut brusquement, rongé de vers[23].

Hérode le Grand, un roi génocidaire. Ta démence ne pourra se détacher de toi parce que plein de crimes. Massacrer des pauvres enfants au point où Rachel est inconsolable... !
Et toi Agrippa, à Dieu seul appartient la gloire ! Combien te coûte de la lui rendre ? Il vaut mieux ne pas tenter Dieu au risque de subir les affres de notre inconséquence.

---

21 Daniel 5.1-30
22 Matthieu 2.1-18
23 Actes 12.21-23

Jésus rejeté, trahit et crucifié

Et que dire, si dès sa prime enfance, il est pourchassé ? Rejeté par son peuple, trahit par son disciple, enfin de compte crucifié. Lui, la lumière du monde ; lui, le pain de vie venu du ciel ; lui, l'eau de vie ; lui, le chemin, la vérité et la vie…
Quoi de plus normal que de pleurer sur toi Jérusalem ? « Ah, Jérusalem ! Jérusalem ! Toi qui fais mourir les prophètes et qui tues à coups de pierres ceux que Dieu t'envoie ! Combien de fois j'ai voulu rassembler tes habitants auprès de moi comme une poule rassemble ses poussins sous ses ailes ! Mais vous ne l'avez pas voulu ! Maintenant, votre maison va être abandonnée et restera déserte »[24].

Les perversions…

Aujourd'hui, dans bien des pays, on vulgarise ce qui est vil et contre nature. Les relations homme-homme, femme-femme ; voire homme-animal ne sont plus à douter. Comment n'attirerons-nous pas la colère de Dieu pour de telles pratiques ?
L'apôtre Paul, dans son épitre aux romains[25] l'avait si bien déconseillé, mais nous ne sommes pas à mesure de fuir la colère du Créateur…

Et que dire des tatouages devenus plus que monnaie courante ? Dieu y est formel et catégorique : « Vous ne ferez pas dessiner des tatouages sur le corps »[26].

Monde écoute !

Tu as chez toi des gens attachés à la doctrine de Balaam qui avait appris au roi Balaq à tendre un piège devant les israélites. Il voulait qu'ils participent au culte des idoles en mangeant les viandes provenant de leurs sacrifices et en se livrant à la débauche…

Tu as chez toi des gens attachés à la doctrine des Nicolaïtes…

Tu laisses cette femme, cette Jézabel qui se dit prophétesse, égarer mes serviteurs en leur

---
24 Matthieu 23.37-38
25 Romains 1
26 Lévitique 19.28

enseignant à participer au culte des idoles, en se livrant à la débauche et en mangeant les viandes des sacrifices...

Je connais ta conduite et je sais que tu n'es ni froid, ni bouillant. Ah ! si seulement tu étais froid ou bouillant !
Mais puisque tu es tiède, puisque tu n'es ni froid ni bouillant, je vais te vomir de ma bouche.
Tu dis : Je suis riche ! J'ai amassé des trésors ! Je n'ai besoin de rien ! Et tu ne te rends pas compte que tu es misérable et pitoyable, que tu es pauvre, aveugle et nu !

Allons ! Rappelle-toi d'où tu es tombé ! Change et reviens à ta conduite première ! Sinon je (Christ) viens à toi sans tarder... et me servir de mon épée...
Achète chez moi de l'or purifié au feu pour devenir réellement riche, des vêtements blancs pour te couvrir afin qu'on ne voie pas ta honteuse nudité, et un collyre pour soigner tes yeux afin que tu puisses voir clair.
Je viens bientôt. J'apporte avec moi mes récompenses pour rendre à chacun selon ce qu'il aura fait. Je suis l'Alpha et l'Oméga, le premier et le dernier, le commencement et la fin.
Heureux ceux qui lavent leurs vêtements. Ils auront le droit de manger du fruit de l'arbre de vie et de franchir les portes de la ville. Mais dehors les hommes ignobles, ceux qui pratiquent la magie, les débauchés, les meurtriers, ceux qui adorent des idoles et tous ceux qui aiment et pratiquent le mensonge... Leur part sera l'étang ardent de feu et de soufre, c'est-à-dire, la seconde mort.

Je suis le rejeton de la racine de David, son descendant. C'est moi, l'étoile brillante du matin...

CONCLUSION

Le monde n'est pas l'apanage des juifs. Dieu et sa parole s'adressent à toute la création. Toutes les nations sont concernées, aucune ne fait exception...
Déjà, du haut du ciel, il manifeste sa colère contre les hommes qui ne l'honorent pas et ne respectent pas sa volonté. Ils étouffent ainsi malhonnêtement la vérité.

En effet, ce qu'on peut connaître de Dieu est clair pour eux, Dieu lui-même le leur ayant fait connaître. Car, depuis la création du monde, les perfections invisibles de Dieu, sa puissance éternelle et sa divinité se voient dans ses œuvres quand on y réfléchit. Ils n'ont donc aucune excuse, car alors qu'ils connaissent Dieu, ils ont refusé de lui rendre l'honneur que l'on doit à Dieu et de lui exprimer leur reconnaissance. Ils se sont égarés dans des raisonnements absurdes et leur pensée dépourvue d'intelligence s'est trouvée obscurcie.

Ils prétendent être intelligents, mais ils sont devenus fous. Ainsi, au lieu d'adorer Dieu immortel et glorieux, ils adorent les idoles, images d'hommes mortels, d'oiseaux, de quadrupèdes ou de reptiles.

C'est pourquoi Dieu les a abandonnés aux passions de leur cœur qui les portent à des pratiques dégradantes, de sorte qu'ils ont avili leur propre corps.
Oui, ils ont délibérément échangé la vérité concernant Dieu contre mensonge, ils ont adoré et servi la créature au lieu du Créateur, lui qui est loué éternellement[27].

Allons...

Dieu dans sa grâce infinie,
Nous a envoyé son Fils unique,
Des pauvres pécheurs, désormais des fils bénis,
Car, libérés du joug adamique.

Jésus-Christ, Dieu fait chair,
Quel amour nous as-tu démontré ?

---
27 Romains 1.18-25

Tout en toi sacré, profond et cher,
Le chemin de la vie tu nous as montré...

Tu appelles à toi toutes les races,
Sans discrimination aucune :
Divin, tu rends disponible ta face,
Pour que quiconque s'approche de toi sans lacune.

Américains, océaniques, asiatiques, européens, africains
Allons au Père par Jésus-Christ, l'unique porte,
Nous aimant à l'exemple du bon samaritain,
Bravant toutes traditions mortes...

Messagers du Père, en route pour la mission !
Disciples de Christ, suivez les traces du Maître !
Portez le message de vie, quelle que soit la profession,
Avec amour et unité, comme les premiers apôtres.

Américain, as-tu écouté la voix de tes prophètes ?
As-tu compris les langages de Dieu pour t'enseigner ?
Qu'as-tu fait à la suite de certaines de tes défaites ?
As-tu appris la sagesse comme l'araignée ?

Océanique, es-tu conscient de l'amour divin ?
Une eau abondante, presque pas de guerre, le savez-vous ?
Louez-vous ce Dieu au lieu de vous enivrer de vin ?
Ou de vous livrer dans l'occultisme comme des fous ?

Asiatique, que des divinités en toi !
Quand vas-tu prendre conscience de l'unicité de Dieu ?
A quoi servent les idoles sous ton toit ?
Jusque-là, Dieu t'attend, il se fait plus que miséricordieux !

Européen, jusqu'où ira ton orgueil ?
Ta prostitution, ta présomption, trop de mélanges !
Des talismans, des bagues jusqu'aux orteils !

Dans cette obscurité, comment reconnaîtras-tu les vrais anges ?

O africain ! réceptif au point de perdre ton authenticité !
Où est passé le « Nzambi Mpungu Tulendo[28] » de tes ancêtres ?
As-tu oublié qu'on le vit dans l'humilité et singularité ?
Tu deviens ignorant, sceptique, ingrat et piètre !

Africain, pour t'éclairer, Dieu t'a envoyé des prophètes,
Serviteurs participant de la grâce en Jésus-Christ,
Dont Simon Kimbangu, plus que poète,
Afrique, as-tu écouté leurs cris ?

O mon peuple, voici ton destin !
Une ère nouvelle en Jésus-Christ, le grand Roi,
Reconnais ton histoire, humilie-toi dès le grand matin,
Et écoute-le te rassurer par sa douce et tendre voix :

« Courage mon peuple !
Courage mes brebis !
Courage mes disciples !
Courage, j'atteins mon but !

Déjà brille l'aurore,
La délivrance est là,
Pour oublier le calvaire qui vous dévore,
D'emblée, entonnez l'hymne de votre liberté : la la la la !

Vos prédécesseurs vous attendent,
Comme eux, sonnez de la trompette en marchant,
Quelles que soient les circonstances, les anges vous défendent,
Pour le grand repos - déjà, écoutez le sublime chant ! »

---

[28] Dieu Tout-Puissant

Tous, allons auprès de Jésus-Christ, notre Maître,
Pour mieux renaître,
Bien paraître,
Sublime bien-être[29].

---

[29] Tiré de notre brochure « Hymnes au Roi de gloire, Un parfum du cœur pour Jésus-Christ ». Section « Hymnes du pèlerin traversant le désert, les larmes… après la fête »

Table des matières

Introduction 3

La communauté harmonieuse 6

Le royaume divisé 10

Le mal au pluriel 15

Il vient…Maranatha 21

Ouvrir le Livre, rompre le sceau 24

Conclusion 40

Du même auteur

- Au gré de vagues divines – Une vie centrée sur la dépendance totale à Dieu, novembre 2015

- Hymnes au Roi de gloire – Un parfum du cœur pour Jésus-Christ, mars 2015

Articles scientifiques

- Le rêve entendu par les chrétiens de la communauté évangélique du Congo (CEC/23ème ECC-RDC), Troisième trimestre 2015
- Rêves prémonitoires des femmes gestantes, Premier trimestre 2013

Oui, je veux morebooks!

I want morebooks!

Buy your books fast and straightforward online - at one of the world's fastest growing online book stores! Environmentally sound due to Print-on-Demand technologies.

Buy your books online at
www.get-morebooks.com

Achetez vos livres en ligne, vite et bien, sur l'une des librairies en ligne les plus performantes au monde!
En protégeant nos ressources et notre environnement grâce à l'impression à la demande.

La librairie en ligne pour acheter plus vite
www.morebooks.fr

OmniScriptum Marketing DEU GmbH
Heinrich-Böcking-Str. 6-8
D - 66121 Saarbrücken
Telefax: +49 681 93 81 567-9

info@omniscriptum.com
www.omniscriptum.com

www.ingramcontent.com/pod-product-compliance
Lightning Source LLC
Chambersburg PA
CBHW020811160426
43192CB00006B/530